WORLD STORIES ENCYCLOPEDIA

100

ERSTAUNLICHE FAKTEN ÜBER BASKETBALL

GESCHICHTEN UND WISSENSWERTES
ÜBER BASKETBALL
DAS MÜSSEN SIE UNBEDINGT WISSEN

PRÄSENTATION

DIESES BUCH IST TEIL DER **WORLD STORIES ENCYCLOPEDIA** SERIE, EINEM WICHTIGEN ITALIENISCH-AMERIKANISCHEN PUBLISHING-PROJEKT, DAS AUF VERÖFFENTLICHUNGEN FÜR KINDER UND JUGENDLICHE SPEZIALISIERT IST.

DIE REIHE UMFASST VERSCHIEDENE BÜCHER MIT EINER FASZINIERENDEN AUSWAHL AN ERSTAUNLICHEN GESCHICHTEN, FAKTEN UND KURIOSITÄTEN **ÜBER FUSSBALL, VERSCHIEDENE SPORTARTEN, TIERE, NATUR UND WISSENSCHAFT.**
ALLES MIT DER HILFE UND DEM RAT VON EXPERTEN DER BRANCHE, UM IMMER HOCHWERTIGE INFORMATIONEN UND INHALTE ZUR VERFÜGUNG ZU STELLEN.

NOCH ATTRAKTIVER IST, DASS KINDER UND JUGENDLICHE DURCH DIESE BÜCHER IHR WISSEN UND LOGISCHE FÄHIGKEITEN PERFEKTIONIEREN UND EINFACH SPASS HABEN. **WAS IST SCHÖNER?** GUTES LESEN SIE FREUNDE.

1

Nicht alle Sportarten können sich eines genauen Geburtsdatums rühmen, Basketball schon.
Am 15. Januar 1891 schrieb James Naismith, ein Sportlehrer, in den Vereinigten Staaten von Amerika das erste Regelbuch dieses Spiels, das den Zweck hatte, Fußballspieler während der Wintersaison zu trainieren. Zunächst wurde diese Disziplin mit dem Namen Basketball bezeichnet, dann vereinfacht zu Basket.

2

Anfänglich wurde das Basketballspiel mit einem Fußball und Angelkörben gespielt, und die Schiedsrichter waren dafür verantwortlich, den Ball zu holen, wenn ein Spieler ein Feldtor erzielte.

Heute wird Basketball mit einem speziell für diesen Sport hergestellten Ball gespielt.

Die erste Version der Seilkörbe, die wir heute noch verwenden, wurde im Jahr 1900 im Spiel verwendet.

Einige Jahre später wurden Anzeigetafeln hinzugefügt, damit die Zuschauer einem Schuss nicht im Wege stehen konnten.

3

Da die Spieler den Ball anfangs nicht dribbeln durften, konnten keine Fortschritte erzielt werden.
Stattdessen war es jedem Spieler überlassen, ihn dort zu werfen, wo er ihn gefangen hatte.
1897 wurde einem Yale-Team zugeschrieben, dass es das erste war, das den Ball durch Dribbling vorrückte. Erst vier Jahre später wurde die formelle Dribbling-Abgabe, die zunächst nur aus einem Dribbling pro Ballbesitz bestand, umgesetzt.
Der Dunk, ein weiteres bedeutendes Manöver im Basketball, wurde kurz vor der Saison 1967/68 für illegal erklärt und blieb es bis zur Saison 1976/77.

4

Mit einer Körpergröße von 246 cm gilt der Libyer Suleiman Ali Nashnush als der größte Basketballspieler aller Zeiten.

1962 spielte er auch für die Nationalmannschaft seines Landes. Zwei Jahre zuvor, als er 17 war, hatte er sich einer wachstumsreduzierenden Operation unterzogen!

5

Yao Ming, der für seine außergewöhnliche Körpergröße von 229 cm berühmte chinesische Meister, gehörte zwischen 2002 und 2011 zu den Protagonisten der NBA.
Laut dem amerikanischen Chronisten Brook Larmer wäre seine Geburt am Tisch geplant gewesen, im Auftrag der chinesischen Regierung an zwei Basketballspieler.

6

Obwohl Paul Pierce in der Saison 2000-2001 elf Mal erstochen wurde, gelang es ihm, in fast jedem Spiel der Saison zu spielen.

Paul Pierce besuchte am 25. September 2000 den Buzz Club in Boston. Es war spät in der Nacht und Paul hatte das Pech, zur falschen Zeit am falschen Ort zu sein. Er versuchte, einen Kampf zu beenden, der in der Bar stattfand, als er 11 Stichwunden erlitt.

Er erlitt Stichwunden im Gesicht, Hals und Rücken. Jemand ging so weit, ihm eine Flasche über den Kopf zu schlagen. Tony Battie, sein ehemaliger Teamkollege, brachte ihn ins Krankenhaus und rettete ihm das Leben. Er musste sich einer Lungenoperation unterziehen.

7

Das NCAA-Turnier 1979 war für viele Basketballspieler der Anfang großer Erfolge. Das College-
Basketballspiel von 1979 zwischen Michigan State und Indiana State, das während des NCAA-Turniers stattfand, gilt als eines der herausragendsten Spiele in der Geschichte des Sports.
Während College-Basketball weiterhin eine der beliebtesten Sportarten ist, erinnern sich die Zuschauer an das Spiel. Dieses Spiel markierte den Beginn von Basketballgrößen und NBA-Stars, als Magic Johnson und Larry Bird zum ersten Mal gegeneinander antraten. Vor diesem Turnier standen sie sich noch nie in einem Match gegenüber.

8

Michael Jordan musste Geldstrafen zahlen, weil er seine Schuhe trug.

Sicherlich verbinden Sie Michael Jordan mit den berühmten Air Jordans. Dieser Sneaker hat dank seiner

Rekordverkäufe Kultstatus erlangt. Was Sie vielleicht nicht wissen, ist, dass der Code von NBA-Kleidung wird verwendet, um Spielern das Tragen dieser Turnschuhe zu verbieten.

Michael Jordan wurde jedes Mal, wenn er sie trug, von der NBA mit einer Geldstrafe belegt, aber er entschied sich dafür, weil er nicht ohne sie spielen wollte.

Schließlich wurden die Turnschuhe von der NBA für das Tragen auf dem Platz lizenziert.

9

Unter keinen Umständen sind Aktionen wie Schultern, Greifen, Schieben, Stolpern oder anderweitiges Schlagen eines Gegners zulässig.

Diese Verstöße wurden jedoch vor 1910 nie als Fouls angesehen, als eine Regel eingeführt wurde, die besagte, dass ein Spieler aus dem Spiel ausgeschlossen würde, wenn er vier solcher Verstöße beging. 1946 führte die Basketball Association of America (die Organisation, die später als National Basketball Association bekannt wurde) ihre erste Satzung ein, die die

Anzahl der auf dem Platz zugelassenen Spieler von drei auf fünf und dann von fünf auf sechs pro Jahr erhöhte. nächstes Jahr.

10

Beim Basketball gibt es zwar auch einen eigenen Korb, aber der Punkt wird nur dann erzielt, wenn es keine Absicht ist. Es ist eine Regel, die nach einem Spiel im Champions Cup im Jahr 1962 beschlossen wurde, als Real Madrid es vorzog, das Spiel mit einem "Eigentor" zu beenden, um eine Verlängerung mit einem furiosen Comeback von Ignis Varese zu vermeiden.

11

Die Besitzregeln wurden 1913 geändert; Derzeit wird das Sorgerecht für den Ball dem Spieler zugesprochen, der den Ball als letzter berührt hat, nachdem er ins Aus gegangen ist. Das war jedoch nicht immer der Fall.

Vor 1913 wurde ein Ball im Aus von einem Schiedsrichter aufgenommen und auf das Feld zurückgeschlagen. Der Spieler, der den Ball zuerst berührt hat, behält den Ballbesitz. Aufgrund der Zunahme von Spielerverletzungen wurde die Regelung schließlich überarbeitet.

12

Pfirsichkörbe haben dem Basketballspiel seinen Namen gegeben. Das erste Spiel des Sports ist nach seinem Erfinder James Naismith benannt, der zwei Pfirsichkörbe zu je einem halben Scheffel als Ziele benutzte. Es gab viele Runs und Schüsse, aber der einzige Run, der im Spiel erzielt wurde, war ein Halfcourt-Springer von William R. Chase.

13

Einige der Basketballregeln wurden von einem Jugendspiel namens "Duck on the Rock" abgeleitet. Um dieses Spiel zu spielen, muss ein Stein auf ein beliebiges erhöhtes Objekt, wie z. B. einen Baumstamm, gelegt werden.
Während die anderen Spieler versuchen, den Stein durch das Werfen von Steinen, die als "Enten" bekannt sind, vom Brett zu stoßen, steht ein Spieler Wache darüber. Es gibt Parallelen zu den Offensiv- und Defensivstrategien im Basketball.

14

Die erste Kopie der Regeln wurde der Öffentlichkeit erst am 15. Januar 1892 zugänglich gemacht. Als das neu entwickelte Spiel bekannt wurde, mussten die Verbände an Naismith schreiben und um eine Kopie der Regeln bitten.
Nach einiger Zeit veröffentlichte Naismith schließlich die formellen Regeln des Basketballs in der Januarausgabe 1892 des von der YMCA Training School herausgegebenen Campus-Magazins Triangle.

15

Der Basketballsport wurde ursprünglich aus Kanada in andere Länder als die Vereinigten Staaten eingeführt.
Im Jahr 1893 wurde der Basketballsport erstmals in Frankreich gespielt. Kurz darauf, 1894, kamen Australien, China und Indien zu England. Das Jahr 1900 markierte die Ankunft des Basketballs in Japan.

16

Die Popularität des Basketballs in den YMCAs hat zu einem Anstieg der Mitgliederzahlen beigetragen.

Basketballplätze waren zu Beginn des Sports nicht immer leicht zu finden. Aus diesem Grund sind viele Menschen dem CVJM beigetreten, um dort die Fitnessstudios nutzen zu können.

Nach nur fünf Jahren beschlossen jedoch mehrere Gruppen, das Spiel zu kriminalisieren, weil die Teilnehmer dazu neigten, Fitnessstudios zu übernehmen.

17

Nachdem der YMCA den Basketballsport verboten hatte, traten viele seiner Mitglieder aus ihrer Mitgliedschaft aus. Während der Verlust dieser Spieler ein Rückschlag war, sah es auf lange Sicht gut für den Basketball aus.

Die Kampagne überzeugte Organisationen, Räumlichkeiten für die Ausrichtung der Wettbewerbe zu mieten. Dies führte dazu, dass der Sport auf professioneller Ebene betrieben wurde.

18

Die Verbreitung des Fernsehens hat wesentlich zur Entwicklung des College-Basketballs beigetragen.

NCAA-Meisterschaftsspiele werden seit 1963 jedes Jahr im nationalen Fernsehen übertragen.

In den 1980er Jahren begannen alle drei großen Fernsehsender in den Vereinigten Staaten, während der Saison, die von November bis März dauert, intersektionale College-Spiele zu zeigen.

19

Die Übertragung von Basketball im Fernsehen hat zur Entwicklung von vier Facetten des Spiels geführt. Das Aufkommen des Fernsehbasketballs war ein wesentlicher Faktor für das Wachstum des Sports in den Vereinigten Staaten, insbesondere im Highschool- und College-Basketball sowie im Frauenbasketball. Das wachsende Interesse der breiten Bevölkerung am Basketball hat im Laufe der Zeit auch den Weg geebnet, den Sport professionell und international auszuüben.

20

Trainer Frank W. Keaney wird die Entwicklung der „Quick Break“-Strategie im Basketball zugeschrieben.
Keaney war von 1921 bis 1948 als Basketballtrainer an der University of Rhode Island angestellt.
Der Begriff "Fast Break" bezieht sich auf eine Taktik, bei der die Offensive versucht, einen soliden Schuss zu erzielen, bevor die Verteidigung vorbereiten kann, indem sie den Ball so schnell wie möglich in die Zone wirft.

21

Im Basketballspiel wurde das Konzept der Druckverteidigung von Adolph Rupp eingeführt. Dies war ein weiterer Faktor, der zum rasanten Basketballstil beitrug. 1931 war das Jahr, in dem er als Trainer für das Team der University of Kentucky eingestellt wurde.

Dort erhob er das Programm dieser Institution zu einer Pionierfigur in der Geschichte des Basketballs insgesamt.

22

Im selben Zeitraum bewirkten die bahnbrechenden Defensivtrainer bedeutende Veränderungen in der Denkweise des Defensivtrainers. Die Abwehrstrategien im Basketball haben ihren Ursprung an verschiedenen Universitäten. Die Mann-gegen-Mann-Verteidigungstechniken wurden von den Trainern Henry Iba von der Oklahoma A&M University und Clair Bee von der Long Island University entwickelt. Während dieser Zeit entwickelte der Trainer der Marshall University, Cam Henderson, in West Virginia die Grundlagen dessen, was heute als Zonenverteidigung bekannt ist. In den nächsten Jahren entwickelten sich diese Ideen zu grundlegenden Aspekten des Basketballs.

23

Clara Baer hatte aufgrund eines Vorfalls, bei dem sie ihre eigenen Regeln erstellte, einen Einfluss auf den Frauenbasketball. Beim H. Sophie Newcomb College for Women in New Orleans, Basketball existierte nicht, bis Clara Baer es dorthin brachte. Als Naismith Baer einen Umriss des Gerichts gab, konnte er die Bedeutung der gepunkteten Linien nicht erkennen. Anstatt Indikatoren für Bereiche zu sein, in denen Spieler am besten Teamwork spielen können, sah der Trainer sie als einschränkende Linien.

24

Forrest „Phog“ C. Allen war maßgeblich an der Entwicklung des Basketballs auf globaler Ebene beteiligt. Allen war ein ehemaliger Trainer an der University of Kansas, wo er seine Trainererfahrung unter der Anleitung von Naismith selbst sammelte.
Ab 1936 war er der Anführer der Bewegung, die sich für die Aufnahme von Basketball in die Olympischen Spiele einsetzte.

25

Die FIBA regelt internationale Basketballwettbewerbe.

FIBA steht für Fédération Internationale de Basketball Amateur.

Frauen durften bis 1953 nicht an Basketball-Weltmeisterschaften teilnehmen, obwohl die ersten MännerWeltmeisterschaften 1950 ausgetragen wurden.

2014 wurde der Männerwettbewerb erstmals als FIBA Basketball World Cup bekannt.

26

Im Commonwealth von Massachusetts befindet sich die Naismith Memorial Basketball Hall of Fame.

Es gibt jedoch einen signifikanten Unterschied zwischen dieser und den Football- und Baseball-Halls of Fame. Diese Institution erkennt im Gegensatz zu den beiden anderen die Beiträge von Experten aus den Vereinigten Staaten und anderen Ländern an.

27

Das Geneva College in Beaver Falls, Pennsylvania, gilt als das erste College, das Basketball initiiert hat. CO Bemis erfuhr 1892 in Springfield von dem neuen Sport. Später brachte er ihn nach Genf und führte ihn seinen Schülern vor.

28

Am 18. Januar 1896 fand das erste College-Basketballspiel mit nur fünf Spielern statt.
Das erste College-Basketballspiel zwischen der University of Chicago und der University of Iowa fand in Iowa City statt.
Die University of Chicago setzte sich mit 15:12 durch, obwohl keines der Teams Ersatzspieler einsetzte.

29

Das einhändige Schießen wurde von Hank Luisetti entwickelt, der der erste Spieler war, der es benutzte. Der Spieler der Stanford University, der später einen berühmten Zug machte, tat es Ende der 1930er Jahre.
Zuvor waren die einzigen Schüsse, die von jenseits des Bogens versucht wurden, Zweihandschüsse.

30

In den 1950er und 1960er Jahren verwandelte sich Luisettis einhändiger Stoßwurf in einen Sprungwurf. Andererseits wird der Ball bei dieser Technik am Höhepunkt des Sprungs fallen gelassen. Jerry West, Spieler der West Virginia University, und Rick Mount, Spieler der Purdue University,

gelten als die ersten, die die Wirksamkeit dieses legendären Basketballschlags erfolgreich demonstriert haben.

31

1897 war die Amateur Athletic Union für die Organisation des allerersten Basketballwettbewerbs verantwortlich. Der anerkannte Gewinner war der 23rd Street YMCA in New York City.
Nach einiger Zeit entwickelte sich die Band zu einem nomadischen Profiteam, das als New York Wanderers bekannt wurde.

32

Erst 1937 fand der erste Hochschulwettbewerb auf nationaler Ebene statt. 1937 veranstaltete eine in Kansas City ansässige Gruppe den ersten nationalen Wettbewerb für College-Studenten in den Vereinigten Staaten.
Im Laufe der Zeit entwickelte sich die Organisation zu dem, was heute als National Association of Intercollegiate Athletics (NAIA) bekannt ist.

33

Die National Basketball League ist die erste professionelle Basketballliga. Die NBL wurde 1898 gegründet und bot Wettbewerbe, die sich vom College-Basketball unterschieden. Um das reguläre Feld der National Basketball League herum ist ein geschweißter Drahtzaun gebaut, um lautstarke Fans von den Spielern auf dem Feld fernzuhalten.

Daraus entstand die langjährige Bezugnahme auf Basketballspieler als "Käfige".

34

Das längste NBA-Basketballspiel dauerte 78 Minuten. Der Rekord für das längste jemals gespielte Basketballspiel wurde von einem Spiel zwischen zwei amerikanischen Mannschaften, den Indianapolis Olympians und den Rochester Royals, gehalten.
Am 6. Januar 1951 wurde das Spiel in der Edgerton Park Arena in Rochester, New York, ausgetragen. Die Olympioniken gewannen das Spiel, das über sechs Verlängerungen ging, mit 75:73 Punkten.

35

Das Spiel mit den meisten Gesamtpunkten in der NBA-Geschichte endete mit einem Ergebnis von 186-184. In einem Spiel, das am 13. Dezember 1983 in die dreifache Verlängerung ging, trafen die Detroit Pistons auf die Denver Nuggets.
Dank dieser Leistung halten sie nun den Rekord für das Spiel mit den meisten Punkten in der NBAGeschichte.

36

Mit 17 Titeln halten die Boston Celtics den Rekord für die meisten jemals gewonnenen NBA-
Meisterschaften. Dieser Rekord umfasst sieben Siege in Folge zwischen den Jahren 1960 und 1966. Weitere Jahre, in denen die Celtics Titel feiern konnten, waren 1957, 1959, 1968-1969, 1974, 1976, 1981, 1984, 1986 und 2008.

37

Der größte Spieler, der jemals im Basketballspiel aufgezeichnet wurde, ist 8,05 Fuß. Der größte Basketballspieler der Geschichte gehört derzeit Suleiman 'Ali Nashnush (1943-1991), der den Rekord von 1943-1991 hielt. 1962 war er Mitglied des libyschen Teams, obwohl er etwas über 8 Fuß groß war.

38

Mit 7 Fuß 7 Zoll hält Manute Bol den Rekord für den größten Spieler, der in der NBA antritt.
1985 war Bol Mitglied des Basketballteams Washington Bullets. 1994 wurde er Mitglied der Miami Heat. Bol sammelte in seiner Karriere 1.599 Punkte, in denen er in 624 Spielen antrat. Seine Nationalität wird jedoch oft missverstanden, da er Doppelbürger des Sudan und der Vereinigten Staaten ist.

39

Der frühere rumänische Spieler Gheorghe Muresan, der über 2 m groß war, ist jetzt im
Ruhestand. Beide Spieler haben eine Gesamtgröße von 7 Fuß 7 Zoll und waren 1993 Mitglieder des Basketballteams Washington Bullets. Muresans NBA-Karriere endete endete später bei den New Jersey Nets. Während seiner siebenjährigen Karriere war er in 307 Spielen und erzielte 3.020 Runs. Muresan hatte eine sehr erfolgreiche Basketballkarriere, obwohl er aufgrund einer Erkrankung seiner Hypophyse gezwungen war, auf diese Höhe zu wachsen.

40

Michael Jordan, ein sechsmaliger NBA-Meisterschaftsgewinner, wird oft als der reichste Basketballspieler der Geschichte angesehen. Jordans Vermögen wird im Februar 2020 auf etwa 2,1 Milliarden US-Dollar geschätzt. Seine Karriereeinnahmen umfassen etwa 90 Millionen US-Dollar an Gehältern und über 1,4 Milliarden US-Dollar an Einnahmen von Unternehmenspartnern.

Die Marke Jordan, eine Unterabteilung des Sportbekleidungsgiganten Nike, war eines der Ergebnisse seiner Partnerschaft mit dem Unternehmen.

41

Nur einmal in seiner Karriere gelang Shaquille O'Neal ein Triple. Shaq ist viermaliger NBA-Champion und
15-maliger NBA All-Star, was ihn zu einem der besten Spieler in der Geschichte der NBA macht. Das Toreschießen war der einzige Teil des Spiels, den er nicht vollständig unter Kontrolle hatte. Nach 22 Karriereversuchen traf Shaq nur einen Dreier. Es ist schwer vorstellbar, dass ein NBA-Spieler 11.196 Punkte erzielt, aber nie einen 3-Zeiger trifft.

Als die Magic am 16. Februar 1996 den Ball mit zwei verbleibenden Sekunden in der Regel traf, hatte Shaq einen der schlechtesten Bankjumper in der Geschichte der NBA. Unten ist der einzige Drei-Zeiger, den er jemals in seiner beruflichen Laufbahn gemacht hat.

42

Air Jordan, einer der größten Basketballschuhe aller Zeiten, wurde erstmals 1985 auf den Markt gebracht.
Sie werden jedes Jahr größer.
Aber am Anfang war nicht alles glatt. Während dieser Zeit waren die meisten Sneaker-Stile weiß, und die Spieler wurden gebeten, Schuhe zu tragen, die zu ihren Trikots und Teamkollegen passten.
Als Michael Jordan diese Schuhe zu einem Spiel trug, wurde ihm von Stern eine Geldstrafe von 5.000 Dollar auferlegt. Jordan war es egal, da Nike die Strafe bereits vollständig bezahlt hatte. Infolgedessen zahlte Nike für das, was es erhielt, einen nicht allzu hohen Preis.

43

Nach 13 Picks im NBA Draft 1996 wurde Kobe Bryant gedraftet. Sie alle wissen, wie seine Karriere verlaufen ist; Er wurde von den Charlotte Hornets eingezogen, aber sofort zu den Los Angeles Lakers versetzt. Kobe soll bei seiner Einberufung noch nicht einmal 18 Jahre alt gewesen sein.

Damals musste man bestimmte Kriterien erfüllen, um für einen NBA-Draft in Frage zu kommen. Kobes NBA-Vertrag sah vor, dass seine Eltern mitunterzeichneten, bis er im selben Jahr 18 Jahre alt wurde.

44

LeBron James, derzeit einer der besten Athleten der Welt, benutzt seine linke Hand für alles, vom Essen bis zum Schreiben. Mit anderen Worten, er kann beide Hände gleich gut benutzen.

Viele Leute gehen davon aus, dass LeBron Rechtshänder ist, da er lieber mit der rechten Hand schießt, aber die Wahrheit ist, dass er seine linke Hand gerne für fast jede andere Fähigkeit benutzt, die er hat.

45

Als Lebron James gefragt wurde, warum er mit der rechten statt mit der linken Hand schieße, sagte er, er wolle so sein wie Michael Jordan und Penny Hardaway, zwei seiner Basketballhelden aus der Kindheit, und sie schossen beide von rechts. Stellen Sie sich vor, LeBron James würde mit der linken Hand schießen.

46

Nur vier Spieler in den NBA-Annalen haben ein Quadruple-Double verbucht. Diese Spieler sind Alvin Robertson
(20 PPG, 11 RB, 10 APG, 10 STL, 10 BLK), David Robinson (18 PPG, 16 RB, 10 APG, 11 BLK), Hakeem
Olajuwon (18 PPG, 16 RB, 10 APG, 11 BLK) und Nate Thurmond (22 (34 Punkte, 10 Rebounds, 10 Assists, 10 Blocks). Wie bereits erwähnt, hat noch nie ein NBA-Spieler ein Quintuple-Double erzielt, indem er mindestens 10 Punkte in jeder der fünf statistischen Kategorien erzielt hat.

47

Shaq war 1995 im Alter von nur 22 Jahren der Anführer der Orlando Magic. In dieser Saison führte er die Magic zur Meisterschaft. Andererseits nahm Shaqs Geschichte im Turnier eine andere Wendung.

Am anderen Ende des Platzes war Hakeem Olajuwon, einer der besten Center in der Geschichte der NBA.

Hakeem erzielte über 30 Punkte pro Spiel und vernichtete Shaq in jeder statistischen Kategorie. Es war eine 0:3-Niederlage für die Warriors und Shaq war wütend. Nach Abschluss der Meisterschaftsserie schickte Shaq Hakeem eine Nachricht, in der er ihn aufgrund ihrer hitzigen Rivalität zu einem Einzelmatch herausforderte. Es war endlich Zeit für die Taco Bell Head-to-Head Challenge, und die Anzeige, um dafür zu werben, war endlich veröffentlicht worden.

48

Als kleinster Spieler der NBA hält Tyrone „Muggsy“ Bogues den Rekord als schnellster Spieler der Liga. Stellen Sie sich vor, ein Spieler, der nur 5 Fuß 3 Zoll groß ist, hat es in die NBA geschafft. Denn diese Geschichte ist alles andere als gewöhnlich.

Es gab nie einen außergewöhnlicheren Mann als den hier beschriebenen. Muggsy wurde in jeder Phase seines Lebens wegen seiner Größe verspottet, aber er ließ sich davon nie unterkriegen. Er gab sich wenig Mühe und wechselte schnell in die NBA. Gegen größere Gegner blockte er während seiner NBA-Karriere 39 Schüsse. Tatsächlich war es einzigartig.

49

Basketballfans halten Michael Jordan für den erfolgreichsten Spieler aller Zeiten. Es gibt jedoch mehrere zusätzliche Kandidaten für denselben Titel in verschiedenen Kategorien. Bill Russell hält den Rekord für die meisten Meisterschaftsringe, die er während seiner Karriere gewonnen hat.
Kareem Abdul-Jabbar hält den Rekord für die erstaunlichste Langlebigkeit, während Wilt Chamberlain den Rekord für statistische Dominanz hält. An diesem Punkt wird LeBron James als potenzieller Gegner für den begehrten Thron ernst genommen.

50

Wang Zhizhi war der erste in China geborene Spieler, der in der National Basketball Association
(NBA) antrat. Wang Zhizhi, ein zwei Meter großer Center, gab sein Debüt in der National Basketball Association (NBA) mit den Dallas Mavericks in der Saison 2000-2001. Die meisten Leute verwechseln Yao Ming jedoch mit dem ersteren.

51

Wilt Chamberlain hält den Rekord für die meisten Punkte, die in einem einzigen Basketballspiel erzielt wurden. Chamberlain war der erste Spieler in der NBA-Geschichte, der in einem Spiel gegen New York 100 Punkte erzielte. Nach seinem Abschluss an der University of Kansas in den späten 1950er Jahren verfolgte Chamberlain eine Karriere im professionellen Basketball. Auch heute noch gilt er weithin als der
beste Big Man in allen Aspekten des Spiels.

52

Kareem Abdul-Jabbar war der Spieler, der den größten Einfluss auf die Entwicklung der Basketballregeln hatte.
Während Abdul-Jabbars zweitem Jahr an der University of California in Los Angeles wurden Dunk-Hits im College-Basketball illegal und eliminierten sie schließlich. Es war eine von mehreren Situationen, in denen das Komitee der Meinung war, dass die großen Spieler in Spielen einen zu großen Vorteil hatten.

53

Die Brüder Edward und Lew Wachter gehörten zu den ersten Basketballspielern, denen nicht genug Anerkennung zuteil wurde. Obwohl sie für verschiedene Städte spielten, hatten Bill Hardman, Jack Inglis und Jimmy Williamson alle die gleiche Stärke und das gleiche Talent.

Der offensive Pass-Bounce und der lange Pass sind beide Innovationen, die diese Spieler ins Spiel gebracht haben. Sie waren auch die treibende Kraft hinter der Regeländerung im Jahr 1923, die es gefoulten Spielern erlaubte, ihre Freiwürfe zu schießen.

54

Corey „Thunder“ Law ist der aktuelle Rekordhalter für den längsten erfolgreichen Basketballschlag und misst 109 Fuß 9 Zoll. Nachdem er für die Harlem Globetrotters gespielt hatte, brach Law mehrere andere bemerkenswerte Basketballrekorde. Der längste Basketballschuss mit verbundenen Augen beträgt 69 Fuß 6 Zoll, während der weiteste Rückwärtsschuss 82 Fuß 2 Zoll beträgt. Dies sind nur zwei der Rekorde.

55

Der kleinste Spieler in der NBA-Geschichte war Tyrone „Muggsy“ Bogues: nur 160 Zentimeter groß, was ihn jedoch nicht daran hinderte, bis 2001 erfolgreich in den Teams von Charlotte Hornets und Toronto Raptors zu dienen.

56

Die zweitlängste Sperre gehört Latrell Sprewell, der 68 Spiele verpassen wird. 1997 startete er einen Angriff auf Trainer PJ Carlesimo und würgte ihn fast 15 Sekunden lang, bis sich die anderen Spieler befreien konnten.

57

Vor dem Zweiten Weltkrieg waren die Original Celtics das berühmteste Profi-Basketballteam der Welt.

Die Jugend von New York City begann 1915 gemeinsam aufzutreten und rekrutierte bis weit in die 1920er Jahre hinein neue Mitglieder. Sie waren bis 1928 unschlagbar, als sie sich entschieden, es zu beenden. Nach dem Zusammenkommen am Start

In den 1930er Jahren wurde das Team als New York Celtics bekannt und trat unter diesem Spitznamen an. Die

Celtics spielten jeden Abend, sonntags zweimal, und verbrachten die meiste Zeit außerhalb des TD Garden. In der Saison 1922/23 gewannen sie 204 der Spiele 2015, die sie spielten. 1936 beschlossen sie, aufzuhören und sich zurückzuziehen.

58

Die New York Renaissance ist das erfolgreichste rein schwarze Team der Sportgeschichte.
Robert Douglas war derjenige, der 1923 die Gründung des Teams initiierte. Das Team ist auch als Rens bekannt. In der Saison 1932/33 erzielten sie 88 Spiele in Folge. Darüber hinaus gewannen die Rens das World Pro Tournament in Chicago und besiegten die Harlem Globetrotters und Oshkosh All-Stars.

59

War das erste Jahr des National Invitation Tournament, das von Basketballautoren aus New York City (NIT) organisiert wurde. In etwas mehr als einem Jahr haben die New Yorker Universitäten die Führung bei der Veranstaltung übernommen.
Bis in die frühen 1950er Jahre galt der National Invitation Competition als das wichtigste Turnier in den Vereinigten Staaten. Aufgrund der Erweiterung der NCAA-Meisterschaft wurde das National Invitation Tournament jedoch zu einem Trostturnier für Teams herabgestuft, die nicht für das NCAA-Turnier ausgewählt wurden.

60

war das Jahr, in dem das erste NCAA-Turnier stattfand. Während seiner Entwicklung durchlief es jedoch drei verschiedene Phasen. Die National Collegiate Athletic Association (NCAA) begann 1964 als wenig mehr als
ein Turnier für verschiedene Conference Champions.
1939 waren nur acht Mannschaften auf dem Feld; 1963 waren es fünfundzwanzig. Darüber hinaus gewann jedes dieser Teams die Meisterschaft der Konferenz, an der es teilnahm, und wurde von erfolgreichen Teams unterstützt, die unabhängig voneinander antraten.

61

Das Konzept des Fantasy-Baseballs war der Anstoß für die Gründung von Yahoo Fantasy Basketball. Das Spiel setzte sich erstmals in den 1990er Jahren durch, nahm aber Fahrt auf, als das Internet allgemein verfügbar wurde.

Zunächst mussten die Spieler ihre Statistiken manuell verfolgen. Als Ergebnis der Auswahl echter NBA-Spieler und der Analyse ihrer Statistiken auf dem Spielfeld haben sich die Spieler den Titel „General Manager“ im Spiel verdient.

62

Was die Grundlagen betrifft, ist Fantasy-Basketball dasselbe wie jeder andere Fantasy-Sport, den Sie nennen könnten. Die Grundlage des Spiels bilden Spieler, die je nach Liga zu Teams zusammengestellt werden. Die tatsächliche Leistung der Spieler bestimmt, wie viele Punkte jeder Spieler erhält.

Die Gesamtzahl der gesammelten Punkte ist der letzte Faktor bei der Entscheidung über Gewinner und Verlierer für den Tag, die Woche oder die Saison.

63

Die durchschnittliche Spieldauer in der NBA beträgt 48 Minuten.

Als nächstes wird es in vier Viertel unterteilt, die jeweils 12 Minuten lang sind. Trotzdem können sich die Spielperioden je nach zufälligen Ereignissen auf bis zu zwei Stunden oder sogar mehr erstrecken.

Zu den verschiedenen Arten gehören Zeitüberschreitungen, Abstürze und andere Unterbrechungen des Spielflusses.

64

Ein Spieler muss seinen Körper senkrecht zum Korb positionieren, um erfolgreich einen Basketball zu schießen. Die Spieler müssen auf jedem Fuß das gleiche Gewicht halten und eine leichte Kniebeugung haben, um die richtige Schussposition zu haben.
Danach ist der Spieler dafür verantwortlich, den Ball in die sogenannte "Block and Load"-Position zu bringen, bei der der Ball auf die Fingerspitzen der Schusshand gelegt wird, ähnlich wie ein Kellner einen Teller hält. Es ist jedoch keine gute Idee, den Ball mit beiden Händen zu schießen.

65

Um den Ball zu schießen, muss ein Spieler zuerst sein Handgelenk schnappen, während er seinen Arm nach unten schwingt. Es ist wichtig, die richtige Ausrichtung zwischen dem ziehenden Ellbogen und dem Körper beizubehalten. Die Komponente muss sich in einer vertikalen Ebene bewegen, was die Genauigkeit des Spielers verbessert, wenn er auf diese Weise gespielt wird.

66

Um Backspin zu erzeugen, muss der Ball beim Loslassen von deinen Fingerspitzen rollen.
Der Mittelfinger ist normalerweise derjenige, der den Ball zuletzt berührt. Wenn du anfängst, ist es wichtig, daran zu denken, den Ball mit deinen Fingern statt mit deinen Handflächen zu schießen. Sie sollten Ihr Training auch mit dem Üben aus nächster Nähe beginnen.

67

Es wird dringend empfohlen, dass Sie auf einem alten Basketball üben, wenn Sie zum ersten Mal lernen, einen Basketball zu drehen. Je glatter der Ball, desto abgenutzter ist er und desto länger ist er im Einsatz. Aus diesem Grund hat es weniger Grip oder Reibung, sodass es sich leichter auf Ihrem Finger drehen lässt.
Auch wenn du lernen willst, wie man einen Basketball dreht, ohne sich zu verletzen, solltest du deine Fingernägel kürzen.

68

Bevor Sie versuchen, den Ball an Ihrem Finger zu drehen, ist es hilfreich, sich mit dem Drehen von Hand vertraut zu machen. Je besser ein Ball gerendert wird, desto schneller dreht er sich.

Die Spieler können ein besseres Gefühl für die Dynamik des Balls in ihren Händen bekommen, indem sie lernen, wie man den Ball in der Luft dreht.

69

Basketballdrehbewegungen können in zwei verschiedene Kategorien unterteilt werden: die Einhanddrehung und die Zweihanddrehung.

Zunächst einmal gibt der beidhändige Spin dem Spieler mehr Kontrolle und Kraft, wodurch er eine höhere anfängliche Spin-Geschwindigkeit erreichen kann. Auf der anderen Seite bietet einhändiger Spin einen interessanteren Aspekt, da es manchmal einfacher sein kann, den Ball an Ihren Finger zu bringen. Dies ist einer der Gründe, warum es so beliebt ist. Einer der Nachteile dieser Strategie ist jedoch, dass es schwieriger wird, eine schnelle Runde zu fahren.

70

1913 gab es mindestens fünf verschiedene Basketballregeln. In dieser Liste sind die Regeln des YMCA - Amateur Athletic Union, der Colleges und der Milizgruppen sowie zwei verschiedene Versionen der professionellen Regeln enthalten.
Es war üblich, dass sich die Teams darauf einigten, jede Hälfte eines Spiels nach bestimmten Richtlinien zu spielen.

71

1915 gründeten die Amateur Athletic Union, die Young Men's Christian Association und die Colleges das Joint Rules Committee. Die Etablierung standardisierter Messstandards war das vorrangige Ziel der
Organisation.
1936 änderte die Organisation ihren Namen in National Basketball Committee (NBC) der Vereinigten Staaten und Kanadas. Die National Basketball Association (NBS) war bis 1979 die einzige Regulierungsorganisation des Amateurbasketballs.

72

Im selben Jahr, 1979, trennten sich die Colleges, um ihr eigenes Regelkomitee zu gründen. Nach einiger Zeit übernahm die National Federation of State High School Associations (NFHSA) die Verantwortung für die Festlegung unterschiedlicher Spielregeln für High Schools.

73

Das Regelkomitee der NCAA für Männer besteht aus zwölf Vorstandsmitgliedern, die jeweils eine der drei NCAA-Divisionen vertreten.
Das Team besteht aus zwölf Personen, davon sechs Mitglieder aus Institutionen der Abteilung I, drei aus Schulen der Abteilung II und drei aus den Abteilungen III und III.
Basketball wird an Universitäten, Junior Colleges und an der National Association of Intercollegiate Athletics (NAIA) angeschlossenen Institutionen gespielt, und die NCAA regelt das Militär. Ebenso gibt es einen ähnlichen Körper für das Frauenspiel.

74

Seit 1894 besteht eine Basketballmannschaft immer aus fünf Spielern. Zumindest war dies bei Spielflächen kleiner als 178 Quadratfuß (167,2 m^2) der Fall. In Turnhallen mit einer Größe von 1.800 bis 3.600 Quadratfuß (334,5 Quadratmeter) beträgt die typische Anzahl von Spielern in einem Spiel sieben, während neun Spieler in Wettbewerben in noch größeren Räumen gegeneinander antreten.

75

1895 war das Jahr, in dem der Standard von fünf Basketballspielern pro Team durch Konsens festgelegt wurde. Nach diesen zwei Jahren schrieben die Regeln vor, dass jedes Team fünf Spieler hat.

Diese Zahl ist bis heute unverändert geblieben.

76

Aufgrund der weit verbreiteten Verwendung von Verzögerungsstrategien hat die NBA beschlossen, einige Anpassungen an den Regeln vorzunehmen. Zunächst einmal tauchte die Mittellinie erst im Jahr 1932 auf.

Innerhalb der ersten zehn Sekunden muss die angreifende Mannschaft den Ball an der Abwehr vorbeibringen, sonst verliert sie den Ballbesitz. Im Jahr 1937 entfernte eine Regelüberarbeitung die Anforderung für Spieler, einen Mittelsprung auszuführen, nachdem sie ein Feldtor oder einen Freiwurf erzielt hatten.

Anstatt den Ball von der Freiwurflinie abzuprallen, kann die Mannschaft, die den Korb verteidigt, dies aus dem Aus unter dem Korb tun.

77

Das Regelkomitee der NCAA verabschiedete 1985 eine Schussuhr mit einem Zeitlimit von 45 Sekunden.

Experimente führten zur Entwicklung der Schussuhr, die erst 1993 auf das aktuelle 35-Sekunden-Format gekürzt wurde.

Außerdem begrenzte die Uhr, wie lange ein Team den Ball vor dem Schießen kontrollieren konnte.

78

1986 ist das Jahr, in dem die Dreipunktschießregelung eingeführt wird. Jedes Tor, das aus einer Entfernung von mehr als 19,75 Fuß (6,0 Meter) erzielt wird, ist drei Punkte wert. Bis 2008 hatte sich der Abstand zwischen dem Korb und der Dreipunktlinie auf 6,3 Meter (20,75 Fuß) erhöht.

79

Die Basketballregeln wurden erheblich geändert, um zu verhindern, dass sich größere Spieler einen unfairen Vorteil verschaffen. 1932 wurde es für den Spieler im Ballbesitz illegal, länger als drei Sekunden mit dem Rücken zum Korb innerhalb der Foul-Linie zu stehen.
Als sie schließlich eingeführt wurde, galt die Drei-Sekunden-Regel für jeden angreifenden Spieler auf der Foul-Bahn.

80

In den Jahren 1937-1938 wurde die Praxis der Field Goal Interferenz illegal gemacht. Torhüter treten auf, wenn Spieler den Ball im oder am Korbrand berühren.
Seit 1944 ist das Torhüten verboten und Spieler der Abwehrmannschaft dürfen den Ball nicht berühren, während er sich auf den Korb zubewegt.

81

Erst in den 1950er Jahren wurde das Dribbling zu einem wesentlichen Bestandteil des Basketballs. Das
Dribbling-Verbot wurde in der gleichen Ära eingeführt, in der der moderne Basketball als Volkssport aufkam. Zuvor konnten Spieler, die den Ball gefangen haben, einige Schritte zurückgehen, bevor sie zum Stoppen gezwungen wurden. Danach können sie den Ball aus dieser Position werfen.

82

Die National Basketball Association (NBA) hatte einen Konkurrenten in der American Basketball Association (ABA). Während ihrer ersten Saison, 1967-1968, umfasste die American Basketball Association (ABA) 11 Clubs, die von George Mikan geleitet und beauftragt wurden. In der Folge entwickelte sich der Wettbewerb zwischen den beiden Schulen zu einem erbitterten Kampf darum, wer die talentiertesten Studenten der anderen Institution rekrutieren würde.

Die NBA erwarb vier der ABA-Clubs, als die ABA 1976 ihr Geschäft aufgab.

83

Die National Basketball Association umfasst 30 Clubs, die gleichmäßig auf östliche und westliche Konferenzen verteilt sind. Zusätzlich wurde jede dieser Kategorien weiter in eine von sechs Divisionen unterteilt.
Ende April markieren die Playoffs, an denen 16 Teams in 82 Spielen teilgenommen haben.
Die Spiele werden in einer Best-of-Seven-Serie gespielt, aber die endgültigen Paarungen finden normalerweise nicht vor Ende Juni statt.

84

Die National Basketball Association gründete im Jahr 2000 die National Basketball Development League (NBDL). Anschließend nutzte die Basketball-Profiliga die Organisation als "Farmsystem". Während des ersten halben Jahrhunderts hatte die National Basketball Association kein offizielles Spielerentwicklungs- oder MinorLeague-System.

Die National Basketball Association (NBA) stützte sich stark auf College-Basketball als primäres Rekrutierungsgebiet, da es ihr an jeglicher Ordnung bei der Erziehung junger und unerfahrener Spieler mangelte.

85

Seit 2005 verlangt die National Basketball Association (NBA), dass Nationalspieler mindestens 19 Jahre alt sind, um am Draft teilnehmen zu können. Darüber hinaus muss der angehende Spieler mindestens ein Jahr vor der Bewerbung die High School abgeschlossen haben. Darüber hinaus mussten die Spieler mindestens ein Jahr lang professionell im Ausland oder auf dem College spielen, bevor sie einem NBAFranchise beitreten konnten.

Kobe Bryant, der damals 18 Jahre alt war, hält den Rekord für den jüngsten Spieler in der NBA-Geschichte nach derselben Regel.

86

1903 war das Jahr, in dem die Basketballplätze endgültig abgerissen wurden. Davor waren Gerichte oft asymmetrisch angelegt.
Auch wenn sie das Spiel störten, galten gelegentliche Barrieren wie Säulen, Treppen oder Büros als normal. 1903 war das Jahr, in dem endlich eine Regel, die gerade Grenzlinien erforderte, offiziell eingeführt wurde.

87

Das zusammengesetzte Leder und die synthetischen Materialien, aus denen ein laminierter Basketball besteht, werden von Hand mit der Gummihülle des Balls verbunden. Daher ist der beste Ort, um mit einem solchen Ball zu spielen, drinnen. Die Geschossabdeckung erleichtert die Handhabung und erhöht die Ästhetik. Andererseits besitzen laminierte Basketbälle eine wesentliche Festigkeit und Abriebfestigkeit. Zusätzlich fungiert das Gehäuse als Rahmen für die internen Komponenten.

88

Die ersten zwei Jahre der Basketballspiele wurden mit einem Fußball gespielt, der manchmal auch als Fußball bezeichnet wird. Erst 1894 wurde der erste Basketball überhaupt verkauft. Sein Umfang betrug ungefähr 81 cm (32 Zoll) und war damit deutlich größer als ein Fußball.
Trotzdem wiegt der Basketball weniger als 20 Unzen (567 Gramm). Von 1948 bis 1949 war der geformte schnürsenkellose Ball offiziell angenommen und seine Größe auf 76 cm (30 Zoll) standardisiert worden.

89

Kurz darauf erwiesen sich die Holzbretter als hervorragend geeignet.
Glasrückenbretter wurden erstmals 1908-1909 für professionelle Wettbewerbe zugelassen, und Colleges folgten im folgenden Jahr 1909-1910. Die Bretter wurden in den Jahren 1920-1921 insgesamt 0,6 Meter ins Landesinnere verlegt, gefolgt von weiteren 2 Fuß in den Jahren 1939-1940.
Infolgedessen wird es weniger Fälle geben, in denen die Grenzen überschritten werden. Fanziehungen wurden schließlich in der Saison 1940/41 genehmigt.

90

Die Standard-Basketballuniform umfasst ein ärmelloses Trikot und Shorts anstelle von langen Ärmeln. Die
National Basketball Association (NBA) überlegte 2013, ihre Trikots mit Ärmeln zu versehen, was sie eher wie Trikots aussehen lassen würde. Die Folge war eine Flut von Beschwerden von Spielern und Fans.
Das Experiment dauerte bis 2017, als Nike den Ausrüstervertrag der NBA übernahm und ankündigte, keine Ärmeltrikots mehr zu verwenden. Anschließend wurde beschlossen, das Experiment zu beenden.

91

Die New Jersey Nets legten am 8. November 1978 Protest gegen das Endergebnis des Spiels gegen die Philadelphia 76ers ein. Am 23. März 1979 wurden die letzten 17 Minuten und 50 Sekunden des Spiels wiederholt.
Vor der Wiederholung des ursprünglichen Spiels hatte es bereits einen Handel zwischen den beiden Teams gegeben. Infolgedessen zeigen Spielaufzeichnungen, dass drei Spieler, Eric Money, Harvey Catchings und Ralph Simpson, gleichzeitig in beiden Teams waren und dasselbe Spiel besuchten.

92

Laut einer Studie aus dem Jahr 2017 könnten Klubs in der Eastern Conference der NBA bei Auswärtsspielen in der Western Conference einen Wettbewerbsnachteil erfahren. Individuelle Stress- und Ermüdungsniveaus werden beeinflusst und als Folge davon kann die Leistung von Gastteams beeinträchtigt werden.
Die durch die Reise von Ost nach West verursachte Störung des circadianen Rhythmus wirkt der Rotation der Erde entgegen, die von West nach Ost erfolgt.

93

Während des regulären Saisonspiels am 13. Dezember 1983 wurden zwischen den Detroit Pistons und den Denver Nuggets mehrere NBA-Rekorde aufgestellt. Nach drei Verlängerungen war das Endergebnis des Spiels 186 bis 184 zugunsten von Detroit.

Dieses Spiel brach nicht nur den Rekord für die meisten in einem einzelnen Spiel erzielten Gesamtpunkte, sondern auch den Rekord für die meisten von einer Mannschaft in einem unterhaltsamen Spiel erzielten Punkte und den Rekord für die zweitmeisten Punkte, die in einer Gruppe erzielt wurden.

94

Die originalen Chuck Taylor All-Stars von Converse waren die ersten Sportschuhe, die speziell für Basketball entwickelt und kommerziell verkauft wurden. Sein traditionelles High-Top-Design bot Knöchelunterstützung für
Sprünge in größere Höhen und setzte den Maßstab für die anderen angesehenen Hersteller von heute in ihren Bereichen. In den Jahren vor den 1930er Jahren sah sich Converse vielen Nachahmern und Konkurrenten gegenüber, die jeweils neue Moden und Formen der Technologie einführten. Trotzdem haben die originalen HighTops den Markt als beliebteste Marke aller Zeiten dominiert.

95

Die ersten Staaten, die professionelle Spiele entwickelten, befanden sich in den Regionen Mid-Atlantic und New England. Trenton (New Jersey) und die New York Wanderers waren die ersten großen Profiklubs.

Beide wurden in den frühen 1900er Jahren gegründet, später taten es Deutsche aus Buffalo, New York. Im Jahr 1895 waren die Mitglieder der Gruppe erst 14 Jahre alt, als sie zum ersten Mal dem Buffalo YMCA beitraten. Während seines 44-jährigen Bestehens, in dem er 792 von 878 Spielen gewann, gewann er von Zeit zu Zeit einige neue Mitglieder.

96

Der Profi-Basketballsport litt in den 1930er Jahren unter der Weltwirtschaftskrise. 1937 wurde im oberen Mittleren Westen und in den umliegenden Gebieten eine neue National Basketball League gegründet. Walter A. Brown, der Präsident des Boston Garden (BAA), gründete die neue Basketball Association of America.

Die Bewegung begann 1946, im selben Jahr, in dem die großen professionellen Basketballligen gegründet wurden.

97

Nike trat in den 1970er Jahren mit der Veröffentlichung seines neuen Blazer-Modells in den Basketballschuhmarkt ein. Pumas charakteristische Low-Tops wurden in diese Sneaker integriert, darunter der Nike „Swoosh“. Converse erlebte Mitte bis Ende der 70er Jahre mit ihrem neuen Weapons-Modell ein Comeback, das von Athleten wie Magic Johnson und Larry Bird populär gemacht wurde.

Die Technologieabteilung von Nike hat sich geweigert, aufzugeben. Der ikonische Schuh, bekannt für seine ikonische Luftsohle und sein klassisches Lederdesign, wurde erstmals in den 1980er Jahren von dem großen Bekleidungsunternehmen unter dem Namen Air Force 1 herausgebracht.

98

Bei geformten Basketbällen werden die gesamten Außenflächen zusammen mit der Karkasse von den Herstellern entwickelt. Aufgrund dieser Eigenschaft ist gemusterter Basketball am effektivsten, wenn er im Freien gespielt wird. Der Korpus und die Hülle des Dings liefern die Struktur seiner inneren Komponenten. Außerdem sind die High-EndGummibälle mit einer Farbschicht versehen, um einen besseren Halt und ein besseres Aussehen zu erzielen.

99

Der kleinste Spieler in der NBA war Muggsy Bogues, der nur 5 Fuß 3 Zoll groß war.

Muggsy war ein fantastischer Athlet, der sich als agiler Spieler einen Namen gemacht hat.

Aufgrund seiner kleinen Statur ging er einem Spieler während eines der Spiele zwischen die Knie.

Als Blocker wurde er unterschätzt. Im Gegensatz dazu ist Manute Bol mit einer Größe von 7 Fuß 7 Zoll der NBAHöhenrekordhalter. Er war großartig darin, Schüsse zu blocken und abzuprallen.

Es hatte eine erstaunliche Reichweite von jenseits des Bogens. Sie teilten sich in der Saison 1987/88 ein NBA-Team mit den Washington Bullets.

100

An den amerikanischen Basketballspieler Charles Hollis Taylor, bekannt als Chuck, erinnert man sich mehr als wegen seiner Sportkarriere wegen der Schuhe, die er trug.
Sein Name ist in der Tat mit dem bekannten Converse All-Star verbunden, dem meistverkauften und langlebigsten Basketballschuh aller Zeiten: Das erste Paar wurde 1917 hergestellt.

Printed in Poland
by Amazon Fulfillment
Poland Sp. z o.o., Wrocław

25138784R00059